ai suoi angeli di proteggerti in tutte le tue vie".

Salmo 91:11

Con affetto,
da Silvano, Perside,
Giamaica, Tamara e
Aurora.

30/07/23

La mia piccola Bibbia ILLUSTRATA

Kenneth N. Taylor

illustrata da
Richard e Frances Hook

La Casa della Bibbia

My Little Bible in Pictures originally published by Tyndale House Publishers, Inc. in the USA.

Worldwide co–edition produced by Lion Hudson plc, Mayfield House,
256 Banbury Road, Oxford OX2 7DH, England
Tel. +44 1865 302750 | Fax: +44 1865 302757
e–mail: coed@lionhudson.com | www.lionhudson.com

Edizione italiana:
La mia piccola Bibbia illustrata

e–mail ordini@bible.it | www.bible.it

Questo libro contiene più di 100 illustrazioni realizzate da Richard e Frances Hook. La Casa della Bibbia ringrazia le seguenti case editrici per il permesso accordato a pubblicare i disegni di R. e F. Hook di loro proprietà:

Concordia Publishing House: le illustrazioni a p. 43, 135, 137, 157, 169, 187, 191, 205, 223, 233 e 235 sono tratte dal libro *My Good Shepherd Bible Story Book*, ©1969 edito da Concordia Publishing House, St. Louis, MO 63118, e vengono utilizzate con il suo permesso.

The Standard Publishing Company: le illustrazioni a p. 77 e 245 sono tratte dal libro *Frances Hook Picture Book*, © 1963, 1964 edito da The Standard Publishing Company, Cincinnati, OH 45231, e vengono utilizzate con il suo permesso.

Altri artisti:
Rob Ferris, pp. 7, 11, 15, 19, 27, 95, 109, 115, 121, 127, 155, 221, 253.
Cobert Gauthier, pp. 37, 41, 57, 59, 69, 89, 91, 105, 117, 141, 203.
Janice Skivington Wood, p. 255.

Stampato a Singapore.

Dedicato ai genitori

Questo è un libro di racconti della Bibbia che i piccoli potranno portare con sé la domenica in chiesa. Ma non dimenticatelo nella libreria gli altri giorni della settimana. Leggetelo ai vostri figli. Queste storie, ed anche le loro illustrazioni, faranno conoscere ai bambini i grandi personaggi della Bibbia. I principali temi biblici toccheranno il loro cuore e li seguiranno lungo tutta la loro esistenza. Questi racconti parlano, prima di tutto, di Dio e di Suo Figlio Gesù, ed anche dell'esigenza di Dio riguardo la Sua verità e la Sua giustizia.

Tra queste storie, ve ne sono molte che hanno, per i bimbi piccoli, un'applicazione diretta. Una semplice domanda mette in luce la verità che emana da ogni racconto, permettendo così di scolpire molti fatti importanti nello spirito dei bambini.

Ormai sono molti anni che scrivo libri per aiutare i bambini a crescere nella grazia del Signore. Spero che questo libro, frutto, indubbiamente, dei miei ultimi sforzi, compirà la sua opera nel cuore dei vostri figli. Che Dio benedica singolarmente ognuno di essi.

Kenneth N. Taylor

Dio ha creato il mondo intero. Ha fatto i fiori e gli alberi, l'acqua e le stelle. Dio ha fatto il sole perché avessimo la luce del giorno. Il sole ci riscalda quando siamo all'aperto e quando fa bel tempo. Grazie, Signore, per il sole!
Chi ha fatto il sole?

GENESI 1

Il primo uomo che Dio ha creato è Adamo. La prima donna che Dio ha creato è Eva. Dio ha messo Adamo ed Eva in un bellissimo giardino che si chiama il giardino d'Eden. Essi erano molto felici in questo giardino. Dio ha fatto anche gli animali. Indicami l'elefante. Dov'è la zebra?

Chi ha creato Adamo ed Eva?

GENESI 1-2

Adamo ed Eva sono molto, molto tristi perché hanno fatto qualcosa che Dio aveva detto di non fare. Ed ora Dio li punisce cacciandoli dal bel giardino d'Eden in cui vivevano. Gli angeli che custodiscono il giardino non li lasceranno mai più ritornare.

Perché Adamo ed Eva sono stati cacciati dal loro bel giardino?

GENESI 3

Adamo ed Eva hanno avuto due figli che si chiamavano Caino ed Abele. Abele obbediva a Dio, ma Caino non Gli obbediva. Caino si è arrabbiato ed ha ucciso suo fratello Abele. È una cosa molto brutta. Adamo ed Eva erano molto tristi. Anche Dio era triste.

Come si chiamavano i figli di Adamo ed Eva?

GENESI 4

Dio dice a Noè di costruire un'enorme nave che si chiama arca. Noè viene aiutato nella costruzione dai suoi figli. Ora l'arca non si trova ancora nell'acqua. Ma sta per piovere così forte che ben presto ci sarà acqua dappertutto. Noè e la sua famiglia saranno allora al sicuro nella loro nave.

Dove saranno Noè e la sua famiglia quando comincerà a piovere?

GENESI 6

Noè termina di costruire la nave. Allora Dio gli chiede di far entrare nell'arca degli animali e degli uccelli. Ce ne saranno due per ogni specie. Ci saranno due giraffe, due tigri, due anatre. Questi animali si troveranno così al riparo nell'arca, quando arriverà il diluvio.
Quanti canguri ci saranno nell'arca?

GENESI 7

Ha piovuto per lungo tempo. Ben presto tutto è stato coperto dall'acqua. Invece, la nave di Noè galleggia sulle acque. Sì, Dio si prende molta cura di Noè e della sua famiglia, come anche di tutti gli animali che si trovano nell'arca. Dio si prende cura anche di te.
Chi c'è dentro l'arca?

GENESI 7

Questi uomini costruiscono una torre molto alta. Si chiama la torre di Babele. Gli uomini pensano di poterla costruire alta fino in cielo. Ma Dio non vuole che essi costruiscano questa torre. E glielo impedirà. D'un tratto, mentre stanno parlando, non riescono più a capirsi gli uni con gli altri. Parlano delle lingue diverse!
Chi ha impedito agli uomini di costruire la torre?

GENESI 11

Abramo era un amico molto caro di Dio. Sara era sua moglie. Dio chiese ad Abramo di lasciare il suo paese per andare in un altro paese. Gli disse che gli avrebbe donato l'intero paese per viverci per sempre, lui e la sua famiglia. Abramo aveva molte pecore e molti asini. Puoi indicarmeli nella figura?

Qual è il nome di quest'uomo?
Qual è il nome di sua moglie?

GENESI 12

Abramo e sua moglie Sara erano molto tristi perché non avevano bambini. Ma chi è allora questo ragazzino? Si chiama Isacco. Ora sono felici perché Dio ha risposto alle loro preghiere e ha donato loro un figlio.
Come si chiama il figlio di Abramo e di Sara?

GENESI 21

Quando Isacco diventò grande, si sposò con Rebecca ed ebbe un figlio che essi chiamarono Giacobbe. Giacobbe un giorno era stanco e si addormentò, la testa appoggiata ad una roccia che gli faceva da cuscino! Fece un sogno. Vide degli angeli che salivano e scendevano dal cielo. Allora, Dio disse a Giacobbe: "Mi occuperò di te."

Cosa ha sognato Giacobbe?

GENESI 28

Giacobbe aveva un fratello gemello che si chiamava Esaù. Quando i due fratelli diventarono grandi, litigarono molto. Allora Giacobbe andò molto lontano. Poi mandò un messaggio ad Esaù. Gli disse che gli sarebbe piaciuto tornare ed essere buoni amici.
Ora, essi sono felici di rivedersi.
Come si chiamano i due fratelli?

GENESI 33

F+R Hook

Quest'uomo anziano è Giacobbe. Ha dodici figli. Ama molto uno di essi che si chiama Giuseppe. Gli ha regalato una bellissimo tunica. I fratelli di Giuseppe sono molto arrabbiati perché il padre non ha regalato loro una tunica come quella del fratello.

Che cosa ha regalato Giacobbe a suo figlio Giuseppe?

GENESI 37

Il nome di questo bimbo piccolo è Mosè. La ragazza è una principessa. Ha trovato il bimbo in un cesto lungo il fiume. Degli uomini cattivi volevano uccidere il bambino. Dio ha mandato la principessa perché trovasse il bimbo e si prendesse cura di lui.

Dove ha trovato il piccolo Mosè la principessa?

ESODO 2

Ora, Mosè è diventato un uomo. Un giorno, ha visto un cespuglio in fiamme, che però non bruciava! Dio ha parlato a Mosè da quel cespuglio. Gli ha detto: "Vai ad aiutare il mio popolo."
Dapprima, Mosè ha avuto paura, ma poi Dio gli ha detto: "Io ti aiuterò."
Cosa ha chiesto di fare Dio a Mosè?

ESODO 3

Il popolo di Dio abita in un paese che si chiama Egitto. Quest'uomo, con una frusta, colpisce un uomo del popolo di Dio per farlo lavorare di più. Il popolo allora chiede a Dio di aiutarlo. Dio manderà Mosè perché impedisca a quest'uomo cattivo di fare del male al suo popolo. Mosè aiuterà così tutto il popolo di Dio.
Chi aiuterà il popolo di Dio?

ESODO 5

Mosè dice a Faraone di lasciare il popolo di Dio partire dal paese d'Egitto. Ma Faraone dice "no". Allora Dio manda agli Egiziani molte mosche e molte rane e li colpisce con molti altri mali per punirli. Ma Faraone dice ancora "no". Allora il Signore dice a Faraone che ucciderà tutti i figli maschi, nati per primi, in ogni famiglia egiziana.

Cosa dice Mosè a Faraone?

ESODO 7-11

Mosè dice al popolo di Dio di mettere del sangue sopra la porta d'ingresso della loro casa ed anche ai lati. Quando Dio vedrà il sangue sulla porta, non ucciderà nessuno in quella casa. La notte, in cui i maschi nati per primi sono morti, è la Pasqua del Signore. Finalmente Faraone permette al popolo di Dio di lasciare l'Egitto. Quella notte il popolo partì.
Perché c'era del sangue sulle porte delle case del popolo di Dio?

ESODO 12

Il popolo di Dio cammina sul fondo asciutto di un grande lago chiamato Mar Rosso. Riesci a vedere i due muri d'acqua che ci sono ai lati? Quando Mosè ha alzato il suo bastone, Dio ha diviso le acque. Il popolo può ora attraversare il lago all'asciutto. *Chi ha separato le acque?*

ESODO 14

Questa famiglia raccoglie dei piccoli pezzi di pane. Dio ha mandato il pane dal cielo, la manna, perché il suo popolo non abbia fame. Tutte le mattine Dio li ha nutriti così. Indicami la bambina che ringrazia Dio.

Da dove è venuto il pane?

ESODO 16

Il popolo di Dio aveva molta sete, ma non aveva nulla da bere. Dio disse a Mosè di colpire la roccia con il suo bastone. E mentre egli la colpiva, Dio fece uscire dell'acqua dalla roccia. Allora tutti hanno potuto bere a volontà.

Cos'è successo quando Mosè ha colpito la roccia con il suo bastone?

ESODO 17

Mosè stava ascoltando Dio. Dio gli dà dieci regole molto importanti alle quali il suo popolo deve ubbidire. Dio scrive queste dieci regole su delle tavole di pietra.
Queste regole si chiamano i Dieci Comandamenti.
Come si chiamano le dieci regole di Dio?

ESODO 20

Oh no! Guarda ciò che il popolo di Dio sta facendo! Ha fatto un idolo che somiglia ad un vitello. Il popolo adora l'idolo invece di adorare Dio. Dio si arrabbia molto perché è molto triste. Dio deve punire il Suo popolo per ciò che ha fatto.

Cosa fanno queste persone?
Perché è una cosa sbagliata?

ESODO 31-32

Questa magnifica tenda è il Tabernacolo. È la casa di Dio. Il popolo vi andava per dire grazie a Dio e per pregare. Il popolo adorava Dio nel Tabernacolo. Era la sua chiesa. *Il Tabernacolo somiglia alla tua chiesa?*

ESODO 35-36

Mosè conduce il suo popolo per un lunghissimo viaggio. Come può sapere Mosè che direzione prendere? Guarda la nuvola che Dio ha messo in cielo. Mosè ed il suo popolo devono seguire questa nuvola ovunque va.

Puoi indicarmi la nuvola?

Chi fa muovere la nuvola?

ESODO 40

Guarda i magnifici grappoli d'uva che portano questi uomini! Sono Caleb e Giosuè. L'uva cresce nel paese che Dio ha promesso di dare al Suo popolo. Caleb e Giosuè si affrettano a tornare a casa per mostrare ai loro amici le buone cose che crescono nella Terra Promessa.

Dove sono cresciuti questi grappoli d'uva?

NUMERI 13-14

I serpenti mordevano il popolo di Dio e molte persone morivano a causa del loro veleno. Dio disse a Mosè di costruire qualcosa che assomigliasse ad un enorme serpente. Così, le persone che sarebbero state morse avrebbero potuto guardare il serpente messo su un'antenna e Dio li avrebbe guariti.

Chi guariva le persone morse dai serpenti?

NUMERI 21

Dio non vuole che Balaam prenda quel sentiero. Allora, manda un angelo per fermarlo. Vedendo l'angelo, l'asino si ferma. Balaam colpisce l'asino per farlo andare avanti. Allora l'asino si mette a parlare. Gli dice: "Perché mi colpisci?" Balaam alla fine vede l'angelo. È molto contento che l'asino si sia fermato!

Cosa dice l'asino?

NUMERI 22

Dopo Mosè, Giosuè diventa il capo del popolo di Dio. Dio gli chiede di distruggere la città di Gerico. Giosuè e tutto il popolo fanno il giro delle mura della città suonando le loro trombe e gridando. Allora, tutte le mura crollano ed il popolo di Dio può entrare nella città di Gerico.
Cos'è successo alle mura?

GIOSUÉ 6

Giosuè voleva condurre diecimila soldati con sé per combattere i nemici di Dio. Dio non voleva che ne prendesse così tanti. Gli dice di prendere con sé solo trecento uomini che bevano con le mani. Gedeone aveva paura perché il suo esercito era molto piccolo, ma Dio gli disse che l'avrebbe aiutato.

Quanti soldati ha condotto con sé Gedeone?

GIUDICI 7

Sansone era un uomo molto molto forte. Guarda con quale facilità egli strappa le corde che lo tenevano legato! Un giorno, ha ucciso un leone solo con la forza delle sue mani. Un'altra volta, ha fatto cadere un palazzo per punire i nemici di Dio. Dio ha fatto di lui un uomo forte per poter aiutare il Suo popolo.
Come si chiamava quest'uomo?

GIUDICI 15

R Hook

L'uomo che porta un vestito bianco è Giobbe. Era un uomo molto buono che cercava sempre di fare ciò che Dio gli diceva. Ma Satana chiese a Dio di permettere che succedessero a Giobbe delle cose terribili. Giobbe era molto molto triste ma continuava ad amare Dio.

Giobbe ha sempre amato Dio?

GIOBBE 1

La signora vestita di blu è Naomi. È triste perché suo marito ed i suoi due figli sono morti. Rut cerca di consolare Naomi. Rimane insieme a lei. Dio vuole che anche noi aiutiamo gli altri. Cosa puoi fare per aiutare gli altri?

Come si chiama la signora che aiuta Naomi?

RUT 1

Samuele non era che un ragazzino, ma viveva nel Tabernacolo ed aiutava Eli, il sacerdote. Una notte, sentì una voce che lo chiamava. Dapprima, pensò che fosse Eli. Invece era la voce di Dio. Dio aveva qualcosa da dire a Samuele. Samuele ascoltò Dio e Gli obbedì.

Chi aveva chiamato Samuele?

1 SAMUELE 2

Quando Samuele diventò grande, il popolo di Dio volle un re. Questa idea non piaceva a Dio. Egli sapeva bene che ci sarebbero stati dei problemi. Ma Egli scelse ugualmente Saul come re. Saul era grande e bello. Samuele disse al popolo: "Ecco il vostro nuovo re. Ubbiditegli."
Chi diventò re?

1 SAMUELE 8

Davide era molto molto amato da Dio. Quando era piccolo, portava al pascolo le pecore di suo padre. Vedi l'arpa vicino a lui? Egli scriveva dei canti meravigliosi per dire a Dio che Lo amava. Ci sono molti dei suoi canti nella Bibbia. Vengono chiamati i Salmi.

Che cosa ha scritto Davide?

1 SAMUELE 16

Questo leone vuole mangiare le pecore di Davide. Mi puoi indicare il leone? Dove sono le pecore? Dio ha fatto di Davide un ragazzo forte e coraggioso. Con l'aiuto di Dio, Davide ucciderà il leone che non potrà più far del male alle pecore.

Il leone farà del male alle pecore? Perché?

1 SAMUELE 17

Goliat vuole fare del male al popolo di Dio con la sua lancia e la sua spada. Davide si serve della sua fionda per lanciare un sasso contro Goliat. Davide sa che Dio lo aiuterà. Il sasso colpisce Goliat in pieno viso e Goliat cade a terra morto. Così il popolo di Dio è salvo.
Chi ha ucciso Goliat?

1 SAMUELE 17

Il re Saul aveva un figlio che si chiamava Gionatan. Davide e Gionatan erano buoni amici. Ma il re Saul voleva uccidere Davide. Gionatan aiutò Davide a nascondersi perché il re non lo trovasse. Gionatan sapeva che doveva ubbidire a Dio ed aiutare Davide, anche se suo padre non voleva che lo facesse. Anche tu ed io dobbiamo sempre ubbidire a Dio.
Chi era l'amico di Davide?

1 SAMUELE 20

E'notte e il re Saul dorme. Ha cercato di trovare Davide per ucciderlo. Davide si è nascosto, ma ora vede il re Saul. Davide deve fare del male al re? Dio non vuole che lui gli faccia del male. Davide ubbidirà a Dio.

Davide ha fatto del male al re Saul?

1 SAMUELE 26

Ora Samuele è vecchio, ma è sempre un servo di Dio. Dio gli ha chiesto di versare dell'olio sulla testa di Davide. Con questo gesto Dio vuole mostrare a tutti che Davide sarà il prossimo re del Suo popolo. Dio aiuterà Davide ad essere un buon re. *Chi sarà il nuovo re del popolo di Dio?*

1 SAMULE 16

Ora Davide è il re d'Israele. La grossa scatola dorata che vedi dietro di lui si chiama l'Arca dell'Alleanza. Davide trasporta l'Arca a Gerusalemme. Egli salta e balla dalla gioia. Davide ama Dio e Dio lo ama. Dio ama anche te. Tu dovresti essere molto felice.

Perché il re Davide è così contento?

2 SAMUELE 6

Questa bellissima signora è Bat-Sceba. Il re Davide ha fatto una cosa molto brutta. Ha ucciso il marito di Bat-Sceba per potersi sposare con lei. Facendo questo, Davide non ha ubbidito a una delle più importanti regole di Dio. Dio è molto arrabbiato con lui, allora lo punisce.
Perché Dio punisce Davide?

2 SAMUELE 11-12

Ecco il figlio del re Davide, Absalom. I soldati del re lo stanno inseguendo perché ha disubbidito al re. Absalom passa sotto un albero con il suo asino. I suoi capelli si impigliano nei rami ed egli rimane appeso all'albero, mentre il suo asino continua il cammino senza aspettarlo. Allora l'esercito del re Davide lo trova.
Cos'è successo ai capelli di Absalom?

2 SAMUELE 18

Davide aveva un altro figlio che si chiamava Salomone. Il servo di Dio, Natan, pone le mani sul capo di Salomone perché diventi il prossimo re. Salomone chiede a Dio di fare di lui un re saggio, intelligente. Dio è contento di Salomone e gli dà una grande saggezza.
Cosa ha chiesto Salomone a Dio di donargli?

1 RE 1

Queste due donne bisticciano per avere un bambino. Tutte e due dicono di essere la mamma del bambino. Dio rivela a Salomone chi è la vera mamma di bimbo. E Salomone restituisce il bimbo alla sua vera mamma. Allora, tutti ringraziano Dio di aver dato loro un re così saggio.
Perché le due donne bisticciano?

1 RE 3

Il re Salomone ha costruito per Dio una bellissima chiesa che si chiama Tempio. Riesci a vedere il re? Sta in piedi e ringrazia Dio. Il re è molto felice di essere il servo di Dio. Anche tu ed io, possiamo essere i servi di Dio. Questo fa molto piacere a Dio. *Cosa ha costruito il re Salomone?*

1 RE 8

Poi il re Salomone ha disubbidito ad una delle più importanti regole di Dio. Sai cosa sta facendo qui? Prega degli animali d'oro. Noi sappiamo che dobbiamo pregare solo Dio e nessun altro. Dio è arrabbiato con lui e permetterà che egli abbia molti problemi durante tutta la vita.

Cosa ha fatto di male Salomone?

1 RE 11

Elia è un servo di Dio. È un profeta. Elia ha molta fame. Ama Dio e Dio gli manda degli uccelli che gli portano del cibo. Hai visto i pezzi di pane che gli uccelli gli portano? Dio si prende cura di Elia. Dio si prende cura anche di te.

Che cosa portano gli uccelli ad Elia?

1 RE 17

Elia chiede a Dio di mandare del fuoco dal cielo. Indicami nella figura chi è Elia. Egli alza le mani verso Dio. Elia dimostra che Dio è molto potente. Dio ha risposto alla preghiera di Elia? Sì! Guarda il fuoco che Dio ha mandato!

Che cosa ha mandato Dio dal cielo?

1 RE 18

Cosa succede qui? Dio ha mandato dei cavalli di fuoco ed un carro di fuoco perché portino Elia in cielo! Nessuno ha più rivisto Elia. Egli si trova in cielo con Dio. Eliseo sarà il nuovo profeta.

Di cosa sono fatti i cavalli?
Dove ha portato Dio Elia?

2 RE 2

Il solo cibo di questa donna è un po' di olio d'oliva dentro un vaso. Il nuovo profeta di Dio, Eliseo, le chiede di versare il suo olio in molti altri vasi. Lei ha continuato per lungo tempo a versare l'olio, ma il suo vaso non si è mai svuotato! Ora la donna può vendere i vasi di olio d'oliva e comprare da mangiare.
Come ha potuto Eliseo aiutare questa donna?

2 RE 4

Questa signora è amica di Eliseo. Un giorno il suo bambino si è ammalato e poi è morto. Sua madre è corsa da Eliseo e gli ha chiesto di aiutarla. Eliseo ha pregato ed il ragazzino è tornato in vita!
I genitori del bambino erano molto felici. Dio può fare qualunque cosa.
Che cosa è successo al bambino?

2 RE 4

L'uomo nel carro è ammalato. La ragazzina gli ha detto che il servo di Dio, Eliseo, poteva guarirlo. Dunque Naaman va col suo carro da Eliseo. Eliseo ha pregato e Naaman è stato guarito.

Cosa ha detto la ragazzina all'uomo ammalato?

2 RE 5

Hai visto l'albero per terra? Questi uomini lo tagliano in pezzi con le loro asce. Ma uno di loro fa cadere la sua ascia nel fiume ed essa va a fondo nell'acqua. Allora Eliseo, il servo di Dio, chiede all'ascia di galleggiare. Così il giovane ha potuto ricuperare la sua ascia.
Cos'è successo all'ascia del giovane?

2 RE 6

Queste persone sono felici. Cantano e suonano la tromba ed il tamburo mentre stanno andando nel tempio. Dicono al Signore: “Grazie per averci aiutati.” Anche tu ed io, possiamo ringraziare Dio. Chiniamo il capo, chiudiamo gli occhi e diciamo: “Grazie, Signore.”

Cosa dicono queste persone a Dio?

2 CRONACHE 20

Quando il principe Ioas era un bimbo piccolo, la nonna cattiva voleva ucciderlo! Allora lo zio e la zia lo nascosero finché non raggiunse l'età di sette anni. Ora è diventato un re! I soldati conducono la nonna molto lontano perché non gli faccia dal male. Ioas ama Dio ed è un buon re.
Quanti anni ha Ioas?

2 RE 11

R. Nork

Questi uomini stanno riparando il tempio. Il re Ioas sa che questa è una buona cosa da fare. Il popolo vuole avere un luogo dove ognuno possa ringraziare Dio per tutte le buone cose che Dio ha fatte per lui.
Per quali cose vorresti ringraziare Dio?

2 RE 12

Giona non ha voluto ubbidire a Dio. Ha cercato di fuggire su una nave, ma Dio ha mandato una tempesta. Giona si è ritrovato in acqua ed un enorme pesce l'ha inghiottito. Tre giorni dopo, il pesce l'ha rigettato sulla sabbia di una spiaggia. Da quel momento, Giona ha deciso di ubbidire a Dio.

Cos'è successo a Giona?

GIONA 1-2

Il re Acaz è un cattivo re. Sta dicendo a questi uomini di inchiodare le porte del tempio perché nessuno possa entrarci. Egli non vuole che la gente vada a pregare il Signore. Allora Dio lo punisce. Sei contento che la porta della tua chiesa non sia chiusa? *Cos'è successo alle porta della chiesa?*

2 CRONACHE 28

Molti re del popolo di Dio adoravano gli idoli. Essi insegnavano al popolo di Dio a pregare delle statue. Chiedevano agli idoli di far crescere le piante del loro giardino. Ringraziavano gli idoli per la pioggia. Era una cosa molto sciocca. Qui, gli uomini del re Ezechia distruggono gli idoli e pregano solo Dio.

Cosa distruggono questi uomini?

2 RE 18

Quest'uomo sta leggendo le regole di Dio al re Giosia. Il re non conosceva affatto queste regole. Da ora in poi, egli ubbidirà a queste regole e farà ciò che Dio vuole. Noi abbiamo le regole di Dio nella Bibbia. Quando leggiamo la Bibbia, possiamo ubbidire a Dio e renderlo felice.
Dove possiamo trovare le regole di Dio?

2 RE 22

Anche Geremia era un servo di Dio. Egli diceva al popolo ciò che Dio voleva che egli facesse. Alcuni uomini non volevano ascoltarlo, allora misero Geremia in questo buco molto profondo. Geremia era coraggioso. Quando lo tirarono fuori dal buco, egli continuò a dire loro ciò che Dio voleva che essi facessero.

Come si chiama quest'uomo?

GEREMIA 38

La bellissima città di Gerusalemme sta bruciando. Sono i nemici del popolo di Dio che hanno appiccato il fuoco. Perché Dio li ha lasciati fare? Perché gli abitanti della città pregavano degli idoli invece di pregare Dio.

Cos'è successo alla bellissima città di Gerusalemme?

GEREMIA 39

Daniele ed i suoi tre amici parlano al re. È il re che ha appiccato il fuoco alla città di Gerusalemme dove essi abitavano. Ma ora il re ama Daniele ed i suoi amici. Il re chiede loro di aiutarlo a dirigere il suo regno. *Che cosa chiede il re a Daniele ed ai suoi amici di fare?*

DANIELE 1

Il re ha fatto una grande statua che lo raffigura e vuole che tutti lo preghino. Ma, Sadrac, Mesac e Abed-Nego non vogliono pregare la statua. Essi vogliono pregare solo Dio. Il re si arrabbia e vuole punirli. Ma ora vai alla pagina seguente per vedere ciò che è successo!

Perché questi uomini rimangono in piedi?

DANIELE 3

Il re ha fatto buttare Sadrac, Mesac e Abed-Nego nel fuoco, perché essi volevano pregare solo Dio. Ma guarda! Nel fuoco ci sono ora quattro uomini! Dio ha mandato un angelo per aiutarli! Il fuoco non li ha bruciati affatto!
Chi si è occupato dei tre uomini nel fuoco?

DANIELE 3

Il re ha paura. Vede una grandissima mano. La mano scrive sul muro. Il re non sa leggere le parole, ma Dio dice a Daniele ciò che queste parole vogliono dire. Le parole vogliono dire che il re è stato cattivo. Dio non vuole più che sia re.
Cosa vogliono dire le parole sul muro?

DANIELE 5

Daniele pregava solo Dio. Non pregava il re. I servi del re puniscono Daniele rinchiudendolo nella gabbia dei leoni. Questi leoni hanno fame. Tutti pensano che i leoni mangeranno Daniele. Ma Dio manda un angelo per proteggere Daniele. I leoni non gli faranno male.

Cos'è successo a Daniele?

DANIELE 6

Questa bellissima signora è la regina Ester. Lei ama Dio ed è gentile con il popolo di Dio. È anche coraggiosa. Ester chiede al re di aiutare il popolo di Dio. Il re ascolta e poi fa ciò che la regina Ester gli ha chiesto di fare.

Come si chiama la regina?

ESTER 5

Il Tempio che Salomone aveva costruito è stato distrutto. Il popolo ha dunque ricostruito un altro Tempio. È la loro chiesa. Tutti possono venire per pregare. Dio è molto contento del Suo popolo. Egli vuole che anche noi andiamo in chiesa e che L'adoriamo. *Come si chiama questa bella casa?*

ESDRA 6

L'angelo Gabriele dice a Maria qualcosa di molto importante. Le dice che sarà la mamma del Figlio di Dio! Maria è molto contenta! È felice perché diventerà la madre del Salvatore. Maria chiamerà il bambino che nascerà Gesù.
Cos'ha detto l'angelo a Maria?

LUCA 1

Zaccaria ed Elisabetta sono molto felici perché anche loro hanno avuto un bambino. Un angelo aveva detto a Zaccaria che avrebbe avuto un figlio e che l'avrebbe chiamato Giovanni. E quando Giovanni è cresciuto dice a tutti che Gesù sta per arrivare. Anche tu puoi parlare di Gesù ai tuoi amici.
Come si chiama il bambino?

LUCA 1

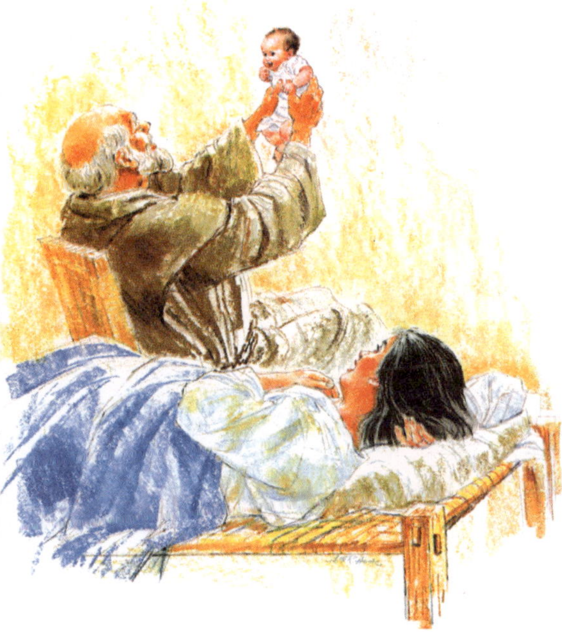

Ecco il bambino di Maria. Ti ricordi come si chiama? È Gesù! È il Figlio di Dio, ma è nato in una stalla, dove vivono le pecore e gli asini. Prima di venire sulla terra come bambino, Gesù era un grande Re nel cielo.
Dov'è nato Gesù?

LUCA 2

Questi pastori erano all'aperto, e stavano pascolando le loro greggi. D'un tratto, hanno visto un angelo. L'angelo ha detto loro che Gesù era nato in una stalla, nella città di Betlemme. Poi, sono arrivati molti altri angeli per lodare Dio, perché Gesù è venuto per salvarci.
Cosa ha detto l'angelo ai pastori?

LUCA 2

I pastori sono corsi fino alla città per trovare il bambino. L'hanno trovato in una stalla, esattamente come l'angelo aveva detto loro. Maria culla il suo bimbo. Gesù è come tutti gli altri bimbi, ma i pastori sanno che è il Figlio di Dio. L'angelo ha detto loro che Gesù è il Salvatore.

Dove hanno trovato i pastori Gesù?

LUCA 2

Simeone è un uomo molto anziano. Aspetta di vedere il Figlio di Dio da molti anni. Maria e Giuseppe hanno portato il loro bambino, Gesù, al Tempio.
Allora Simeone è molto felice!
Ringrazia Dio per questo bambino straordinario.
È la fine di una lunga attesa!
Chi stava aspettando Simeone?

LUCA 2

Ecco Gesù, bambino, con sua mamma, Maria. Dei magi sono venuti da molto lontano per offrire dei regali a Gesù. Hanno visto una stella che li ha condotti fino a Gesù. Essi sanno che Gesù diventerà una persona molto importante. Per questo hanno deciso di portargli dei regali.
Perché i magi portano dei regali a Gesù?

MATTEO 2

Giuseppe conduce Maria e Gesù per un lungo viaggio. Essi fuggono dagli uomini che vogliono uccidere il loro bimbo. Vanno in Egitto. Dio si prende cura di Gesù, dicendo a Giuseppe di portarlo molto lontano. *Perché fanno un lungo viaggio?*

MATTEO 2

Gesù e la sua famiglia sono ritornati a casa. Ora Gesù è diventato grande. Egli è il Figlio di Dio, ma è anche il figlio di Maria. Ascolta attentamente Maria e Giuseppe quando gli parlano. Maria e Giuseppe amano il loro bambino e Gesù ama i suoi genitori ed obbedisce loro.
Chi era la madre di Gesù?

LUCA 2

Gesù è diventato un ragazzo. Ormai ha dodici anni. Si trova nel Tempio e parla ai capi religiosi. Gesù li ascolta e fa loro delle domande. Sono molto sorpresi delle sue ottime risposte.
Perché questi uomini sono sorpresi?

LUCA 2

Gesù è cresciuto ed è diventato un uomo. Suo cugino Giovanni, battezza la gente che ama Dio. Giovanni ha appena battezzato Gesù in un fiume. Lo Spirito Santo scende dal cielo sotto forma di una colomba. La voce di Dio viene dal cielo e dice: "Gesù è mio Figlio e lo amo moltissimo."

Cosa dice la voce che viene dal cielo?

LUCA 3

L'uomo che porta una tunica a righe è Nicodemo. Egli chiede a Gesù come si fa ad andare in cielo. Gesù gli risponde che tutti quelli che credono nel Figlio di Dio andranno in cielo. Sai come si chiama il Figlio di Dio?
Il suo nome è Gesù.
Cosa chiede l'uomo a Gesù?

GIOVANNI 3

Gesù parla con i suoi amici. Sono chiamati i discepoli di Gesù. Alcuni di loro sono pescatori. Gesù chiede loro di seguirli. Essi annunciano a tutti che Dio li ama. Anche tu puoi parlare alla gente di Gesù, e dire loro che gli vuoi bene.

Come si chiamano gli amici di Gesù?

GIOVANNI 1

Questa donna è venuta a cercare dell'acqua al pozzo. Gesù le dice che lui può darle qualcosa di migliore dell'acqua del pozzo. Può darle una vita felice con Dio. Questa donna crede ciò che Gesù le dice e va a dirlo ai suoi amici. Anch'essi vengono e credono in Gesù.

Cosa può dare Gesù a questa donna?

GIOVANNI 4

Questi uomini hanno pescato tutta la notte. Non sono riusciti a prendere neanche un pesce. In quel momento arriva Gesù e dice loro di provare a pescare ancora una volta. Gesù fa entrare molti pesci nella rete. Ed ora i pescatori hanno tutti questi pesci. Gesù è molto grande. Può fare qualsiasi cosa.

Cosa ha fatto fare Gesù ai pesci?

LUCA 5

Gesù parla di Dio a tutti. Egli dice che Dio vuole che siamo buoni con tutti. Non vuole che bisticciamo e che ci arrabbiamo con gli altri. Gesù ci ha dato una regola d'oro: "Fate agli altri ciò che volete che gli altri facciano a voi."
Cosa puoi fare per aiutare gli altri?

MATTEO 5

Questa ragazzina era malata. Ma mentre suo padre era andato a cercare Gesù, è morta. Gesù arriva nella sua casa e dice: “Alzati, ragazzina!” allora la ragazzina è tornata in vita! Anche tu puoi vedere come sta bene adesso! Gesù può fare tantissime cose meravigliose!
Cos'è successo a questa ragazzina?

LUCA 8

Quest'uomo era cieco. Ora chiudi gli occhi e fai finta di essere cieco. Non è una cosa meravigliosa poter vedere? "Credi che io ti possa far vedere di nuovo?" chiede Gesù all'uomo. Egli risponde: "Sì." Allora Gesù tocca i suoi occhi ed egli riesce a vedere!

Cosa vedi quando chiudi gli occhi?

MARCO 8

Gesù dormiva in una barca e c'era una grossa tempesta. I suoi amici, che erano con lui, avevano molta paura. Essi credevano che la barca stesse per affondare. Allora, svegliano Gesù. "Stiamo per morire", gridano. Ma Gesù si alza e dice alla tempesta di andarsene. E la tempesta se ne va.

Cosa ha chiesto di fare Gesù alla tempesta?

LUCA 8

Pietro si trova nell'acqua. Ha bisogno di aiuto. Gesù arriva per aiutarlo. Gesù non va a fondo come Pietro, perché Gesù è il Figlio di Dio. Può anche camminare sull'acqua! Gesù può aiutare anche te, se hai bisogno di aiuto e se glielo chiedi.
Pietro poteva camminare sull'acqua?
E Gesù?

MATTEO 14

Queste persone avevano fame. Un ragazzino è venuto a regalare il suo picnic a Gesù. Poi Gesù l'ha moltiplicato perché ce ne fosse abbastanza per tutti. I discepoli di Gesù distribuiscono il cibo a molte persone. Gesù può fare molte cose meravigliose come quella che ha appena fatto!

Chi ha regalato il suo picnic a Gesù?
Cos'ha fatto Gesù con quel cibo?

GIOVANNI 6

Questa signora porta tutti i suoi soldi nella casa di Dio. È molto felice per tutte le cose che Dio le dona. Ama il Signore e sa che Egli si prenderà cura di lei. Dio vuole che anche noi Gli diciamo grazie per tutto ciò che ci dona.

Per quali cose puoi ringraziare Dio?

LUCA 21

Gesù ama i bambini. Un giorno, delle mamme hanno portato i loro figli a Gesù. Gli amici di Gesù non li vogliono e dicono loro di andarsene. Ma Gesù dice: "No, lasciateli venire a me." Allora Gesù ha preso i bambini tra le braccia per mostrare loro come li ama. Gesù ama anche te, sì, proprio te!

Che cosa hanno detto gli amici di Gesù?

Cos'ha detto Gesù?

LUCA 18

L'uomo che è coricato per terra è stato gravemente ferito dai ladri. Molte persone l'hanno visto ma nessuna l'ha aiutato. Ma ecco, un uomo si ferma e mette delle bende sulle sue ferite. Quest'uomo si chiama il Buon Samaritano. Anche tu puoi essere un Buon Samaritano se aiuti chi ha bisogno.

Cosa fa il Buon Samaritano?

LUCA 10

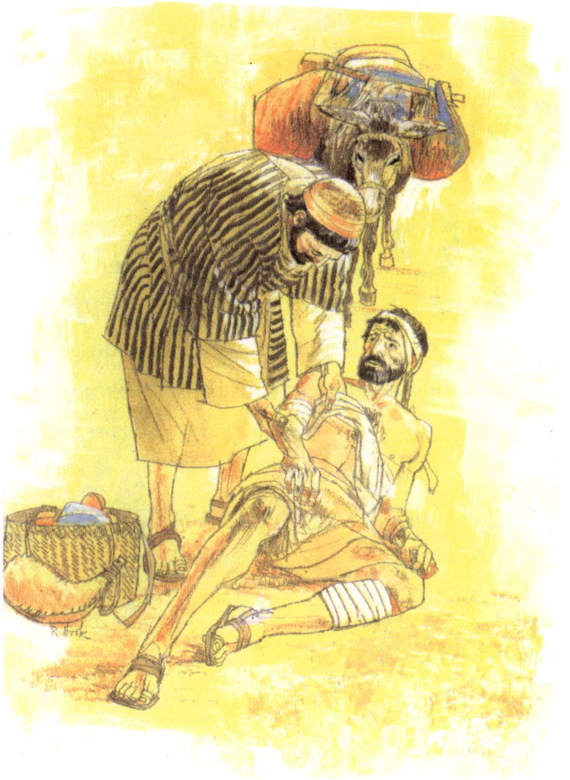

Un giorno, Gesù cenava con le sue amiche Marta e Maria. Marta si dava molto da fare per preparare la cena. Era anche triste perché Maria, invece, ascoltava Gesù parlare. Gesù era contento che Maria lo stesse ad ascoltare attentamente. Quello che Maria faceva era molto importante.
Chi ascoltava Gesù?

LUCA 10

Il pastore si prende cura del suo gregge. Quando una pecora si perde, egli va a cercarla. Porta sulle spalle gli agnellini feriti. Gesù ha detto di essere anche Lui un pastore. E noi siamo le sue pecore. Anche se non Lo vediamo, sappiamo che Egli si prende cura di noi.

Chi è il nostro Buon Pastore?

GIOVANNI 10

Lazzaro era uno degli amici di Gesù. Un giorno morì e il suo corpo venne avvolto in bende prima di essere messo in una tomba, dentro una caverna. Gesù arrivò e pregò. Poi Gesù gridò: "Lazzaro, esci fuori!" Lazzaro ritornò subito in vita ed uscì dalla tomba!

Che cosa ha chiesto di fare Gesù a Lazzaro?

GIOVANNI 11

I dieci uomini che vedi in questa figura sono molto malati. Essi chiedono a Gesù di guarirli, ed Egli lo fa. Ma uno solo tra loro è ritornato da Gesù per ringraziarLo. Io spero che non ti dimenticherai di dire grazie ogni volta che qualcuno di aiuta. Non dimenticare mai di dire grazie anche a Dio.

Quanti uomini sono tornati a dire grazie a Gesù?

LUCA 17

Quest'uomo ricco chiede a Gesù come può fare per andare in cielo. Gesù sa che quest'uomo ama il denaro più di Dio. Allora Gesù gli chiede di donare ai poveri tutti i suoi soldi e poi di dare la sua vita a Dio. Per andare in cielo, avrebbe dovuto amare Dio più dei soldi.

Che cosa amava di più quest'uomo?

LUCA 18

Questo padre stringe molto forte a sé suo figlio. Suo figlio se ne era andato lontano ed è appena tornato a casa. Pensava che suo padre non l'avrebbe amato più! Invece suo padre è molto felice. Dio è il Padre che abbiamo in cielo, ed Egli è felice quando noi torniamo a Lui.
Chi è il Padre che hai in cielo?

LUCA 15

F.R. Hook

Zaccheo si è arrampicato su un albero per poter vedere Gesù. Ora Gesù gli parla. Gli dice: "Scendi perché voglio venire oggi in casa tua." Zaccheo allora è molto contento. E tu, saresti contento se Gesù venisse in casa tua?

Cosa ha chiesto di fare Gesù a Zaccheo?

LUCA 19

Gesù arriva a Gerusalemme sul dorso di un asino. La ragazzina canta per dire quanto Gesù è meraviglioso. Tutti i genitori agitano dei rami e delle palme per mostrare che anche loro sono felici. Vogliono tutti che Gesù sia il loro nuovo re.

Che cosa fa la ragazzina?

LUCA 19

Gesù sta lavando i piedi ad uno dei suoi amici. Normalmente le persone grandi si lavano i piedi da sole, mentre ai bambini li lava la mamma. Nessuno ama lavare i piedi agli altri. Tuttavia, noi dovremmo aiutare gli altri, anche se non ne abbiamo voglia.
Ti ricordi se hai già aiutato qualcuno invece di andare a giocare?

GIOVANNI 13

Gesù cena per l'ultima volta con i suoi amici più cari. Questo pasto viene chiamato l'ultima Cena, prima della Pasqua. In questa occasione Gesù ha detto ai suoi amici che presto Giuda avrebbe mandato dei soldati ad arrestarLo, e che poi Lo avrebbero ucciso. Gesù è morto per essere il nostro Salvatore.

Gesù, da chi sta per essere arrestato?

LUCA 22

Gesù prega. Sa che presto morirà per i nostri peccati. Egli chiede a Dio di aiutarLo. È pronto a morire perché è questo che Dio vuole da Lui. Tu ed io, dovremmo essere come Gesù. Dovremmo sempre fare ciò che Dio vuole che noi facciamo.
Cosa fa Gesù?

LUCA 22

Ora sta per succedere una cosa molto triste. Giuda ed i soldati sono venuti a cercare Gesù per arrestarLo. Tutti gli amici di Gesù Lo abbandonano perché hanno paura. Non cercano nemmeno di aiutarLo.
Cosa fanno gli amici di Gesù?

LUCA 22

Pietro è uno degli amici di Gesù che è fuggito quando i soldati sono venuti ad arrestare Gesù. Ora, Pietro sta dicendo delle bugie. Dice che non conosce Gesù. Ha paura che la gente gli faccia del male perché è un amico di Gesù. Non avere mai paura di dire alle persone che ami Gesù.
Perché Pietro racconta delle bugie?

LUCA 22

I soldati conducono Gesù davanti ad un uomo che si chiama Pilato. Pilato potrebbe benissimo dire a questi uomini di lasciare libero Gesù, se volesse. Ma non osa farlo. Ha paura che, se fa liberare Gesù, la gente non lo amerà più. Allora dice: "Gesù deve morire."

Perché Pilato ha paura di liberare Gesù?

LUCA 23

Qui, stanno uccidendo Gesù. Gesù muore su una croce. Perché questi uomini uccidono Gesù? Ha fatto qualcosa di male? No! Muore a causa di tutte le cose cattive che tu ed io abbiamo fatte. Gesù lascia che Dio Lo punisca al posto nostro, a causa di tutti i nostri peccati.

Perché Gesù è morto?

LUCA 23

Dopo la morte di Gesù, i suoi amici hanno messo il suo corpo nella tomba. Oggi è la mattina di Pasqua. Due donne guardano dentro la tomba. Ma il corpo di Gesù non c'è più! Dio ha ridato la vita a Gesù, ed Egli è uscito dalla tomba! Gesù è di nuovo vivo!
Gesù è ancora nella tomba?

LUCA 24

Dopo essere ritornato in vita, Gesù parla con i suoi amici. Ma essi non sanno che si tratta di Lui! Sono molto tristi perché credono che Gesù sia morto. D'un tratto, si accorgono che stanno parlando proprio con Lui! Come sono contenti di sapere che Gesù è di nuovo vivo!

Perché gli amici di Gesù erano così tristi?

LUCA 24

Guarda cosa sta succedendo! Gesù sale in cielo! Torna in cielo dove c'è suo Padre: dice arrivederci ai suoi amici. Ma promette anche che un giorno tornerà. Allora essi saranno sempre con Lui. Anche noi, un giorno saremo sempre con Lui.
Dove va Gesù?

LUCA 24

R.Hook

Alcune settimane dopo il suo ritorno in cielo, Gesù mandò lo Spirito Santo perché abitasse nei nostri cuori. Gli amici di Gesù si trovavano insieme. D'un tratto, videro delle fiammelle sulla testa di ognuno di loro. Me le puoi indicare? Poi si misero tutti a parlare in lingue diverse da quella che avevano imparata quand'erano piccoli!
Che cosa c'era sulla loro testa?

ATTI 2

Quest'uomo non aveva mai camminato. Anche quando era un bambino, non camminava. Ma ora puoi vedere anche tu che sta saltando di gioia! Cos'è successo? Degli amici di Gesù, Pietro e Giovanni hanno chiesto alla malattia di andarsene! È lo Spirito Santo che ha dato loro questo potere.
Cosa hanno fatto Pietro e Giovanni?

ATTI 3

L'uomo che sta inginocchiato sull'erba si chiama Stefano. Egli diceva a tutti che solo Gesù li poteva perdonare dei loro peccati. Non smetteva mai di dire a tutti quanto Gesù è meraviglioso. Queste persone si sono arrabbiate moltissimo. Gli hanno tirato delle pietre fino al punto da farlo morire, ma lui è andato in cielo con Gesù.

Perché queste persone si sono arrabbiate moltissimo?

ATTI 7

Dio ha mandato il suo amico Filippo per parlare all'uomo che c'è nel carro. Allora Filippo gli parla di Dio. Anche lui vuole diventare l'amico di Dio. Filippo gli dice che può diventare amico di Dio se crede in Gesù. Anche tu, puoi diventare amico di Gesù.

Di cosa parla Filippo all'uomo?

ATTI 8

Paolo era un nemico di Gesù. Aveva deciso di andare a fare del male a coloro che credevano in Gesù, e di ucciderli. D'un tratto, ci fu un lampo abbagliante e Paolo cadde in terra. Gesù gli parlò dal cielo. Dopo il suo incontro con Gesù, Paolo raccontò a tutti che Gesù era il Figlio di Dio.
Chi ha parlato a Paolo dal cielo?

ATTI 9

Pietro si trova in prigione perché ha detto alla gente che Gesù li ama ed è morto per loro. Dio gli ha mandato un angelo per aiutarlo. L'angelo gli ha tolto le catene che aveva alle mani ed ai piedi. Le porte della prigione si sono aperte senza che l'angelo le aprisse con un chiave, e così Pietro poté uscire.

Cos'è successo alle catene di Pietro?

ATTI 12

La nonna di Timoteo gli sta raccontando una storia della Bibbia. Quando diventa grande, Timoteo parla a molte persone della Bibbia e di Gesù. La Bibbia è il libro che Dio ci ha dato. Essa ci dice che Dio ci ama molto.
Anche tu hai una Bibbia tutta tua?

2 TIMOTEO 1

Ti ricordi di Paolo? Ora è diventato l'amico di Dio. Egli parte per un lungo viaggio su una nave. Va in un altro paese. Dirà alla gente di quella nazione che Dio li ama. Paolo era un missionario. Forse anche tu, un giorno, diventerai un missionario.
Dove va Paolo?

ATTI 13

R. Hook

Paolo e Sila sono in prigione. Si trovano in prigione perché hanno parlato a tutti di Gesù. Ma Dio viene loro in aiuto. Ha mandato un terremoto e le loro catene sono cadute. Le porte della prigione erano chiuse a chiave e si sono aperte!

Come ha fatto Dio a salvare Paolo e Sila?

ATTI 16

Paolo era sulla nave e all'improvviso arriva una grande tempesta. La nave è colata a picco, ma Dio ha salvato Paolo e tutti quelli che si trovavano sulla nave. Sono riusciti a nuotare fino a riva. Dio non voleva che Paolo morisse, perché voleva che egli diventasse missionario. Dio voleva che Paolo parlasse di Gesù a tutti.

Cos'è successo alla nave?

ATTI 27

Paolo si trova di nuovo in prigione. Vi è rimasto per tanto tempo. Questa volta, Dio non ha mandato un terremoto per liberarlo. Tuttavia, Dio lo ama come prima, ma non lo tira fuori dalla prigione. Succede a volte che Dio ci lasci per un certo tempo in mezzo alle nostre difficoltà. Ma non vuol dire che Egli non ci ami. Egli continua ad amarci moltissimo perché siamo Suoi amici.

Dove si trova Paolo?

ATTI 28

Uno dei migliori amici di Gesù era Giovanni. Quando Giovanni diventò un uomo molto anziano, ebbe una visione. Vide, in un sogno, il cielo dove si trova Dio. Giovanni ha visto Gesù in cielo. Poi ha scritto tutto ciò che ha visto. Il suo libro si chiama l'Apocalisse. Questo libro si trova nella Bibbia.

Chi ha visto il cielo in un sogno?

APOCALISSE 1

Note sull'autore

Kenneth N. Taylor è molto conosciuto per la sua traduzione de *La Bibbia Vivente*, ma sono soprattutto i libri per bambini che l'hanno reso celebre. Taylor e la moglie hanno avuto dieci figli, ed i primi libri sono stati scritti proprio per i bisogni spirituali quotidiani della famiglia. I manoscritti sono stati inviati alla casa editrice solo dopo aver ricevuto l'approvazione generale dei dieci figli!

Questi libri che sono stati letti da due generazioni di bambini nel mondo intero, comprendono tra l'altro *La Bibbia illustrata* (Editori di Letteratura Biblica). Oggi, i figli dell'autore sono diventati adulti, e Kenneth Taylor ha scritto *La mia prima Bibbia illustrata* pensando ai suoi nipotini.

Note sugli illustratori

Richard e Frances Hook hanno prodotto alcune tra le più belle illustrazioni di libri biblici di questo secolo. Altri illustratori contemporanei si sono ispirati al loro stile. Hanno lavorato in équipe: Richard disegnava gli uomini e gli sfondi, e Frances le donne ed i bambini.

Nel corso della loro vita, Richard e Frances Hook hanno illustrato decine di storie bibliche. Questo libro presenta alcune delle illustrazioni di Richard e Frances Hook, ma purtroppo non siamo riusciti a trovare delle loro illustrazioni per ognuna delle storie contenute nella *Mia prima Bibbia illustrata*. Per completare l'opera, abbiamo dovuto ricorrere all'aiuto di altri tre artisti per produrre le illustrazioni mancanti, cercando di rispettare lo stile di Richard e Frances Hook.